DISCOURS

PRONONCÉ SUR LA TOMBE

DE

V. M. LAMORÉE-FOREST.

DISCOURS

PRONONCÉ SUR LA TOMBE

DE

V. M. LAMORÉE-FOREST,

IMPRIMEUR-LIBRAIRE,

LE 16 JANVIER 1829,

PAR VICTOR MANGIN,

IMPRIMEUR ET RÉDACTEUR DE L'AMI DE LA CHARTE.

NANTES,

IMPRIMERIE DE FOREST.

1829.

DISCOURS

PRONONCÉ SUR LA TOMBE

DE

V. M. LAMORÉE - FOREST.

Nous voilà donc en présence des restes mortels de notre confrère et ami Forest! En jetant les yeux autour de ce cercueil, en considérant la modeste pompe qui l'a accompagné jusqu'au champ du repos, en voyant les personnes qui arrosent de larmes cette tombe vénérée, avant de la couvrir de terre, en se rappelant que nous n'avons pas coutume de nous attacher au char de l'opulence, ni d'augmenter le nombre des esclaves qui entourent toujours l'éclatant sarcophage des grands, on ne dira point que celui dont la perte fait couler nos pleurs fut jamais au rang de ces êtres privilégiés que l'on est convenu d'appeler les heureux de la terre ; mais on devinera facilement que celui à qui nous rendons ce pieux hommage, fut un citoyen utile et vertueux.

Vincent – Marie Lamorée – Forest, est né à Vannes, le 2 Novembre 1763; il est mort à Nantes, le 15 Janvier 1829.

Son père était libraire; sans fortune, il attacha beaucoup d'importance à soigner l'éducation de son fils et à lui former le cœur; doué de beaucoup de douceur et d'un ardent amour du travail, Vincent – Marie Lamorée – Forest ne tarda pas à répondre aux vues de l'auteur de ses jours; il avait l'espoir de bientôt profiter des fruits de la bienveillance paternelle et de ceux d'une éducation brillante, quand le plus grand des deuils vint tout – à – coup renverser ses projets et borner sa carrière...... Son père mourut,.... et il voyait à peine son dix – septième printems !!!

Vincent - Marie Lamorée - Forest, qui portait alors l'amour filial au même degré où on l'a vu depuis porter l'amour conjugal et l'amour paternel, voulut d'abord continuer la maison que son père venait de lui laisser ; mais un oncle, son tuteur, en ordonna autrement : Lamorée - Forest ne possédant alors pour toute fortune, pour tout patrimoine, qu'une modique rente de trois cents francs, fut envoyé à Nantes. Il entra d'abord chez un relieur, où il resta quelque tems ; mais son activité, son intelligence, sa bonne conduite l'ayant fait bientôt remarquer, il fût demandé par une de nos premières maisons de librairie ; son goût pour cette partie développa ses talens ; il devint peu-à-peu le principal employé de Mme Despilly, qui, au moment où il manifesta le désir de s'établir pour son compte, lui offrit vainement une association.

Une circonstance remarquable, et qui se rattache à la vie d'un grand écrivain qui vient naguère aussi de payer sa dette à la nature, est celle-ci : Lamorée-Forest travaillait chez Mme Despilly en même tems que Picard, l'auteur dramatique, dont il fut l'intime ami ; rapprochés par le travail, Forest et Picard ne furent pas long-tems à se livrer à une intimité que l'exiguité de leurs moyens resserrait encore : ils étaient alors toujours ensemble, et habitaient tous deux une modeste mansarde.

Mais, séparés par le sort, livrés l'un et l'autre à une carrière différente, Forest et Picard se quittèrent. On sait quels furent les succès du disciple de Molière ; ceux de son ami, pour être moins brillans, ne furent ni moins honorables ni moins solides.

Après avoir réalisé son faible patrimoine qui, réuni à ses économies, formait une somme suffisante pour commencer une librairie, Vincent-Marie Lamorée-Forest s'établit à l'entrée du quai de la Fosse.

L'aménité de ses manières et les vastes connaissances qu'il possédait dans sa partie, ne tardèrent pas à lui mériter la confiance générale ; sa conduite et sa probité lui obtinrent l'estime publique.

Dès cet instant Lamorée-Forest ne marcha plus que de succès en succès. Après avoir, pendant neuf années, supporté seul le fardeau des affaires, il s'attacha une épouse respectable, dont l'ordre et l'économie ne firent qu'augmenter encore la prospérité de sa maison.

Pendant les orages de la révolution, Lamorée-Forest se montra ce que devait être un homme sage et sans ambition : soumis aux lois, fidèle à l'honneur et dévoué à la patrie. Avant son hymen, il lui arriva plusieurs fois d'abandonner sa maison à des mains étrangères, pour remplir les ordres que lui donnaient les autorités du tems.

Aux époques les plus pénibles, le magasin de Lamorée-Forest était ouvert aux politiques de toutes les opinions, qui s'y rendaient en foule pour lire les journaux: les hommes des couleurs les plus opposées se succédaient les uns aux autres et tenaient conséquemment tour-à-tour des discours différens, sans que jamais Lamorée-Forest ait eu avec aucun d'eux la moindre discussion : sa réserve imposait le respect; personne n'osa jamais essayer de franchir le retranchement derrière lequel il plaçait sa conscience.

Dans les relations sociales, dans les transactions commerciales, dans les affaires d'intérêt, dans les discussions de famille, il montra cette droiture et cette aménité qui constituent l'honnête homme. Toujours modeste, jamais Lamorée-Forest ne sollicita les places et les honneurs; s'il fut nommé commissaire à l'estampille, fonction purement gratuite, c'est qu'il fallait, pour la remplir, un homme qui eût de grandes connaissances en librairie.

Lamorée-Forest avait peu de goût pour le monde : le tems qu'il dérobait à ses affaires était consacré à sa famille. Père de sept enfans, il s'attacha avec soin à leur donner une éducation qui puisse les faire remarquer, et à leur transmettre cet amour de la vertu qu'il avait reçu de son père. Déjà nous voyons les premiers de ses enfans justifier la douce espérance qu'il avait conçue : son fils aîné, le chef actuel de la maison, est déjà digne de la confiance du commerce, et promet de maintenir le bel établissement qu'a fondé son père, au degré de splendeur que ses talens et son équité lui ont fait atteindre ; ce sera le consolateur de sa mère, le protecteur d'enfans encore en bas âge, et le guide de ceux dont l'âge approche le plus du sien : puissent tous les membres de cette intéressante famille suivre ainsi les traces de celui dont nous déplorons la perte!

Le désir de rendre les derniers devoirs à un homme que nous devons tous prendre pour modèle, a pu seul vaincre l'extrême répugnance que j'éprouve à entrer dans cette enceinte sacrée : partout ici se présentent à ma pensée les objets de mes affections les plus chères; ils sortent de leur tombe et s'offrent vivans encore à mon imagination attentive, sans pouvoir jamais être rendus à mon cœur!....

Tel est l'ordre immuable du destin : on ne s'accoutume point à l'absence éternelle de parens vertueux et chéris; on donne à leur souvenir des larmes dont la source ne peut jamais tarir; et l'on arrive soi-même au terme fatal, en répétant ces mots consolans : *Je vais rejoindre un ami!....*

Tel sera le sort de ta famille, ô vertueux Lamorée – Forest ; chacun de tes enfans, arrivé à l'âge le plus reculé, répétera ton nom avec une sorte de plaisir ; aucun d'eux n'oubliera que tu fus le seul artisan de ta fortune et de la leur, et tous diront avec orgueil que ton nom sans tache est leur plus bel héritage. Ta famille et tes amis, pour faire ton éloge, imiteront mon exemple ; ils raconteront ta vie : l'histoire de l'homme de bien est la plus belle oraison funèbre que l'on puisse prononcer sur sa tombe.

FIN.

www.ingramcontent.com/pod-product-compliance
Ingram Content Group UK Ltd.
Pitfield, Milton Keynes, MK11 3LW, UK
UKHW020125100726
13658UKWH00005B/2378